Impressum
Verlag: BABADADA GmbH, Nedderfeld 112 , 22529 Hamburg
Geschäftsführer / Verlagsleitung: Harald Hof
Druck: Books on Demand GmbH, In de Tarpen 42, 22848 Norderstedt

Imprint
Publisher: BABADADA GmbH, Nedderfeld 112 , 22529 Hamburg, Germany
Managing Director / Publishing direction: Harald Hof
Print: Books on Demand GmbH, In de Tarpen 42, 22848 Norderstedt

la salle de classe
el aula

diviser
dividir

186/2

le tableau noir
el pizarrón

la cour de récréation
el patio de la escuela

l'enseignant
el maestro

le papier
el papel

écrire
escribir

le stylo
la birome

le bureau
el escritorio

la règle
la regla

le livre
el libro

l'élève
el alumno

le sac d'école

la mochila

la trousse

la caja de lápices

le crayon

el lápiz

le taille-crayon

el sacapuntas

la gomme

la goma (de borrar)

le carnet à dessin

el bloc de dibujo

le dessin
el dibujo

le pinceau
el pincel

la boîte de peinture
la caja de pinturas

les ciseaux
la tijera

la colle
el pegamento

le cahier d'exercices
el cuaderno de ejercicios

les tâches
la tarea

le chiffre
el número

additionner
sumar

soustraire
restar

multiplier
multiplicar

calculer
calcular

la lettre
la letra

l'alphabet
el abecedario

le mot
la palabra

le texte

el texto

lire

leer

la craie

la tiza

la leçon

la lección

le livre de classe

el cuaderno de clase

l'examen

el examen

le certificat

el certificado

l'uniforme scolaire

el uniforme escolar

la formation

la educación

le lexique

la enciclopedia

l'université

la universidad

le microscope

el microscopio

la carte

el mapa

la corbeille à papier

el tacho (de basura)

l'hôtel
el hotel

l'auberge
el hostel

le bureau de change
la casa de cambio

la valise
la valija

la voiture
el auto

la langue
el idioma

oui / non
sí / no

d'accord
Está bien

Salut
hola

l'interprète
el traductor

merci
Gracias

Combien coûte...?

¿cuánto cuesta...?

Je ne comprends pas

No entiendo

le problème

el problema

Bonsoir!

¡Buenas tardes!

Bonjour!

¡Buenos días!

Bonne nuit!

¡Buenas noches!

Au revoir

el adiós

la direction

la dirección

les bagages

el equipaje

le sac

el bolso

le sac-à-dos

la mochila

l'hôte

el invitado

la pièce

la habitación

le sac de couchage

la bolsa de dormir

la tente

la carpa

l'office de tourisme

la información turística

la plage

la playa

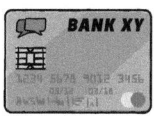

la carte de crédit

la tarjeta de crédito

le petit-déjeuner

el desayuno

le déjeuner

el almuerzo

le dîner

la cena

le billet

el pasaje

l'ascenseur

el ascensor

le timbre

el sello

la frontière

la frontera

la douane

la aduana

l'ambassade

la embajada

le visa

la visa

le passeport

el pasaporte

le transport
el transporte

l'avion
el avión

le navire
el barco

le véhicule de pompiers
la autobomba

le camion
el camión

le bus
el colectivo

e bateau à moteur
a lancha a motor

la voiture
el auto

la bicyclette
la bicicleta

le ferry

el ferry

la barque

el bote

la moto

la moto

la voiture de police

el patrullero

la voiture de course

el auto de carreras

la voiture de location

el auto de alquiler

l'autopartage

el alquiler de autos

la dépanneuse

la grúa

la benne à ordures

el camión de la basura

le moteur

el motor

l'essence

la nafta

la station d'essence

la estación de servicio

le panneau indicateur

la señal de tránsito

le trafic

el tránsito

l'embouteillage

el embotellamiento

le parking

el estacionamiento

la gare

la estación de tren

les rails

las vías

le train

el tren

le tram

el tranvía

le wagon

el vagón

l'hélicoptère
el helicóptero

l'aéroport
el aeropuerto

la tour
la torre

le passager
el pasajero

le container
el contenedor

le carton
la caja de cartón

le chariot
la carretilla

la corbeille
la canasta

décoller / atterrir
despegar / aterrizar

la ville
la ciudad

le village
el pueblo

le centre-ville
el centro de la ciudad

la maison
la casa

le cinéma
el cine

la publicité
la publicidad

le réverbère
el farol

la rue
la calle

le taxi
el taxi

le kiosque
el kiosco

le piéton
el peatón

le trottoir
la vereda

le passage piéton
el paso peatonal

la poubelle
el contenedor de basura

le carrefour
el cruce

les feux de circulation
el semáforo

la cabane
la cabaña

l'appartement
el departamento

la gare
la estación de tren

la mairie
la municipalidad

le musée
el museo

l'école
el colegio

l'université

la universidad

la banque

el banco

l'hôpital

el hospital

l'hôtel

el hotel

la pharmacie

la farmacia

le bureau

la oficina

la librairie

la librería

le magasin

el negocio

le fleuriste

la florería

le supermarché

el supermercado

le marché

el mercado

le grand magasin

las grandes tiendas

la poissonnerie

la pescadería

le centre commercial

el centro comercial

le port

el puerto

le parc

el parque

la banque

el banco

le pont

el puente

les escaliers

las escaleras

le métro

el subte

le tunnel

el túnel

l'arrêt de bus

la parada del colectivo

le bar

el bar

le restaurant

el restaurante

la boîte à lettres

el buzón

le panneau indicateur

el letrero

le parcomètre

el parquímetro

le zoo

el zoológico

le réverbère

la pileta

la mosquée

la mezquita

la ferme
la granja

la pollution
la contaminación

le cimetière
el cementerio

l'église
la iglesia

l'aire de jeux
los juegos infantiles

le temple
el templo

le paysage
el paisaje

la feuille
la hoja

le panneau indicateur
el poste indicador

le chemin
el camino

le pré
la pradera

la pierre
la piedra

le randonneur
el excursionista

l'arbre
el árbol

la rivière
el río

l'herbe
la hierba

la fleur
la flor

la vallée

el valle

la montagne

la montaña

le lac

el lago

la forêt

el bosque

le désert

el desierto

le volcan

el volcán

le château

el castillo

l'arc-en-ciel

el arco iris

le champignon

el champiñón

le palmier

la palmera

le moustique

el mosquito

la mouche

la mosca

les fourmis

la hormiga

l'abeille

la abeja

l'araignée

la araña

le scarabée

el escarabajo

la grenouille

la rana

l'écureuil

la ardilla

le hérisson

el erizo

le lapin

la liebre

la chouette

la lechuza

l'oiseau

el pájaro

le cygne

el cisne

le sanglier

el jabalí

le cerf

el ciervo

l'élan

el alce

le barrage

la presa

l'éolienne

el aerogenerador

le panneau solaire

el panel solar

le climat

el clima

le serveur
el mozo

le menu
el menú

la chaise
la silla

la pizza
la pizza

la soupe
la sopa

la nappe
el mantel

les services
los cubiertos

les hors d'œuvre
la entrada

le plat principal
el plato principal

le dessert
el postre

les boissons
las bebidas

l'alimentation
la comida

la bouteille
la botella

le fast-food

la comida rápida

les plats à emporter

la comida callejera

la théière

la tetera

le sucrier

la azucarera

la portion

la porción

la machine à expresso

la cafetera expreso

la chaise haute

la sillita alta

la facture

la cuenta

le plateau

la bandeja

le couteau

el cuchillo

la fourchette

el tenedor

la cuillère

la cuchara

la cuillère à thé

la cucharita

la serviette

la servilleta

le verre

el vaso

l'assiette
el plato

l'assiette à soupe
el plato hondo

la soucoupe
el plato

la sauce
la salsa

la salière
el salero

le moulin à poivre
el molinillo de pimienta

le vinaigre
el vinagre

l'huile
el aceite

les épices
las especias

le ketchup
el kétchup

la moutarde
la mostaza

la mayonnaise
la mayonesa

le supermarché
el supermercado

l'offre promotionnelle
la oferta especial

le client
el cliente

les produits laitiers
los lácteos

les fruits
la fruta

le caddie
el changuito

FOR

la boucherie
la carnicería

la boulangerie
la panadería

peser
pesar

les légumes
las verduras

la viande
la carne

les aliments surgelés
los alimentos congelados

la charcuterie

los fiambres

les conserves

los alimentos enlatados

la poudre à lessive

el detergente en polvo

les bonbons

las golosinas

les articles ménagers

los electrodomésticos

les détergents

los productos de limpieza

la vendeuse

la vendedora

la caisse

la caja

le caissier

el cajero

la liste d'achats

la lista de compras

les heures d'ouverture

el horario de atención

le portefeuille

la billetera

la carte de crédit

la tarjeta de crédito

le sac

la cartera

le sac en plastique

la bolsa de plástico

le supermarché - el supermercado

l'eau

el agua

le jus de fruit

el jugo

le lait

la leche

le coca

la bebida cola

le vin

el vino

la bière

la cerveza

l'alcool

el alcohol

le chocolat chaud

el cacao

le thé

el té

le café

el café

l'expresso

el café expreso

le cappuccino

el cappuccino

la banane

la banana

la pomme

la manzana

l'orange

la naranja

le melon

el melón

le citron

el limón

la carotte

la zanahoria

l'ail

el ajo

le bambou

el bambú

l'oignon

la cebolla

le champignon

el champiñón

les noisettes

las nueces

les pâtes

los fideos

les spaghettis

los tallarines

le riz

el arroz

la salade

la ensalada

les frites

las papas fritas

les pommes de terre rôties

las papas fritas

la pizza

la pizza

le hamburger

la hamburguesa

le sandwich

el sándwich

l'escalope

el churrasco

le jambon

el jamón

le salami

el salame

la saucisse

la salchicha

le poulet

el pollo

le rôti

el asado

le poisson

el pescado

les flocons d'avoine

los copos de avena

le muesli

el muesli

les cornflakes

los copos de maíz

la farine

la harina

le croissant

la medialuna

les petits-pains

el pancito

le pain

el pan

le pain grillé

la tostada

les biscuits

las galletitas

le beurre

la manteca

le fromage blanc

la cuajada

le gâteau

la torta

l'œuf

el huevo

l'œuf au plat

el huevo frito

le fromage

el queso

la glace

el helado

le sucre

el azúcar

le miel

la miel

la confiture

la mermelada

la crème nougat

la pasta de chocolate

le curry

el curry

la ferme
la granja

la grange
el granero

la botte de paille
el fardo de paja

le champ
el campo

le cheval
el caballo

la remorque
el remolque

le poulain
el potrillo

le tracteur
el tractor

l'âne
el burro

le mouton
la oveja

l'agneau
el cordero

la chèvre

la cabra

la vache

la vaca

le veau

el ternero

le porc

el cerdo

le porcelet

el lechón

le taureau

el toro

l'oie

el ganso

le canard

el pato

le poussin

el pollo

la poule

la gallina

le coq

el gallo

le rat

la rata

le chat

el gato

la souris

el ratón

le bœuf

el buey

le chien

el perro

le chenil

la cucha

le tuyau de jardin

la manguera

l'arrosoir

la regadera

la faucheuse

la guadaña

la charrue

el arado

la faucille

la hoz

la pioche

la azada

la fourche

la horquilla

la hache

el hacha

la brouette

la carretilla

la cuve

el abrevadero

le pot à lait

la lechera

le sac

la bolsa

la clôture

la reja

l'étable

el establo

la serre

el invernadero

le sol

el suelo

les semences

la semilla

l'engrais

el fertilizador

la moissonneuse-batteuse

la cosechadora

récolter
....
cosechar

la récolte
....
la cosecha

l'igname
....
las batatas

le blé
....
el trigo

le soja
....
la soja

la pomme de terre
....
la papa

le maïs
....
el maíz

le colza
....
la semilla de colza

l'arbre fruitier
....
el árbol frutal

le manioc
....
la mandioca

les céréales
....
los cereales

la cheminée
la chimenea

le toit
el techo

la gouttière
el caño de desagüe

la fenêtre
la ventana

le garage
el garaje

la sonnette
el timbre

la porte
la puerta

la poubelle
el tacho de basura

la boîte aux lettres
el buzón

le jardin
el jardín

le salon

el living

la chambre de bain

el baño

la cuisine

la cocina

la chambre à coucher

el dormitorio

la chambre d'enfant

el cuarto de los chicos

la salle à manger

el comedor

le sol

el piso

le mur

la pared

le plafond

el cielorraso

la cave

el sótano

le sauna

el sauna

le balcon

el balcón

la terrasse

la terraza

la piscine

la pileta

la tondeuse à gazon

la cortadora de pasto

la fourre de duvet

la sábana

la couette

el acolchado

le lit

la cama

le balai

la escoba

le sceau

el balde

l'interrupteur

el interruptor

le papier peint
el empapelado

l'image
la imagen

la lampe
la lámpara

l'étagère
el estante

l'armoire
el armario

la cheminée
la chimenea

la télé
la televisión

la fleur
la flor

le coussin
el almohadón

le canapé
el sofá

le vase
el florero

la télécommande
el control remoto

le tapis
la alfombra

le rideau
la cortina

la table
la mesa

la chaise
la silla

la chaise à bascule
la mecedora

le fauteuil
el sillón

le livre

el libro

la couverture

la frazada

la décoration

la decoración

le bois de chauffage

la leña

le film

la película

la chaîne hi-fi

el equipo de música

la clé

la llave

le journal

el diario

la peinture

la pintura

le poster

el póster

la radio

la radio

le bloc-notes

el cuaderno

l'aspirateur

la aspiradora

le cactus

el cactus

la bougie

la vela

le frigo
la heladera

le four à micro-ondes
el microondas

la balance de cuisine
la balanza de cocina

le toasteur
la tostadora

le détergent
el detergente

le four
el horno

le compartiment congélateur
el freezer

la poubelle
el tacho de basura

le lave-vaisselle
el lavaplatos

le four
....
la cocina

la casserole
....
la olla

la marmite
....
la olla de hierro fundido

le wok/kadai
....
el wok

la poêle
....
la sartén

la bouilloire électrique
....
la pava

la cuisine - la cocina

le cuiseur vapeur

la vaporera

la plaque de cuisson

la bandeja de horno

la vaisselle

la vajilla

le gobelet

la taza

le bol

el bol

les baguettes

los palitos

la louche

el cucharón

la spatule

la espátula

le fouet

la batidora

la passoire

el colador

le tamis

el colador

la râpe

el rallador

le mortier

el mortero

le barbecue

la parrilla

la cheminée

la fogata

la planche à découper

la tabla de picar

le rouleau à pâtisserie

el palo de amasar

le tire-bouchon

el sacacorchos

la boîte

la lata

l'ouvre-boîte

el abrelatas

les maniques

la manopla

le lavabo

la pileta

la brosse

el cepillo

l'éponge

la esponja

le mixeur

la batidora

le congélateur

el congelador

le biberon

la mamadera

le robinet

la canilla

le chauffage
la calefacción

la douche
la ducha

la serviette
la toalla

le rideau de douche
la cortina de la ducha

le bain moussant
el baño de espuma

la baignoire
la bañadera

le verre
el vaso

la machine à laver
el lavarropas

le robinet
la canilla

le carrelage
las baldosas

le pot
la pelela

le lavabo
la pileta

les toilettes
el inodoro

la toilette à la turque
la letrina

le bidet
el bidé

l'urinoir
el mingitorio

le papier toilette
el papel higiénico

la brosse à toilette
el cepillo para el inodoro

la brosse à dents

el cepillo de dientes

le dentifrice

el dentífrico

le fil dentaire

el hilo dental

laver

lavar

la douche manuelle

la ducha de mano

la douche intime

la ducha higiénica

la vasque

la palangana

la brosse dorsale

el cepillo para la espalda

le savon

el jabón

le gel douche

el gel de ducha

le shampooing

el shampoo

le gant de toilette

la toallita

l'écoulement

el desagüe

la crème

la crema

le déodorant

el desodorante

le miroir

el espejo

le miroir cosmétique

el espejito

le rasoir

la maquinita de afeitar

la mousse à raser

la espuma de afeitar

l'après-rasage

el aftershave

la peigne

el peine

la brosse

el cepillo

le sèche-cheveux

el secador de pelo

la laque pour cheveux

el spray

le fond de teint

el maquillaje

le rouge à lèvres

el lápiz de labios

le vernis à ongles

el esmalte para uñas

l'ouate

el algodón

le coupe-ongles

la tijera para uñas

le parfum

el perfume

la trousse de toilette

el portacosméticos

le tabouret

la banqueta

la balance

la balanza

le peignoir

la bata

les gants de nettoyage

los guantes de goma

le tampon

el tampón

les serviettes hygiéniques

la toallita femenina

la toilette chimique

el baño químico

le réveil
el despertador

le doudou
el peluche

la voiture jouet
el coche de juguete

le hochet
el sonajero

la maison de poupée
la casa de muñecas

le cadeau
el regalo

le ballon
el globo

le lit
la cama

la poussette
el cochecito

le jeu de cartes
las cartas

le puzzle
el rompecabezas

la bande dessinée
la historieta

les pièces lego

las piezas de lego

les blocs de construction

los ladrillos de juguete

la figurine

la figura de acción

la grenouillère

el enterito (de bebé)

le frisbee

el frisbee

le mobile

el móvil para bebés

le jeu de société

el juego de mesa

le dé

los dados

le train miniature

el tren eléctrico

la sucette

el chupete

la fête

la fiesta

le livre d'images

el libro de cuentos ilustrado

la balle

la pelota

la poupée

la muñeca

jouer

jugar

le bac à sable

el arenero

la balançoire

la hamaca

les jouets

los juguetes

la console de jeu

la consola de videojuegos

le tricycle

el triciclo

l'ours en peluche

el osito de peluche

l'armoire

el armario

les vêtements

la ropa

les chaussettes

las medias

les bas

las medias panty

le collant

las calzas

l'écharpe
la bufanda

le parapluie
el paraguas

le t-shirt
la remera

la ceinture
el cinturón

les bottes
las botas

les pantoufles
las pantuflas

les baskets
las zapatillas

les sandales
las sandalias

les chaussures
los zapatos

les bottes de caoutchouc
las botas de goma

le linge de corps
la ropa interior

le soutien-gorge
el corpiño

le maillot de corps
el chaleco

le body
el body

le pantalon
los pantalones

le jean
los jeans

la jupe
la pollera

le chemisier
la blusa

la chemise
la camisa

le pull
el pulóver

le pull-over à capuche
el buzo

la veste
el blazer

la veste
la campera

le manteau
el tapado

l'imperméable
el piloto

le costume
el traje

la robe
el vestido

la robe de mariée
el vestido de novia

le costume

el traje

la chemise de nuit

el camisón

le pyjama

el pijama

le sari

el sari

le foulard

el pañuelo para la cabeza

le turban

el turbante

la burqa

la burka

le caftan

el caftán

l'abaya

la abaya

le maillot de bain

el traje de baño

le costume de bain

el short de baño

les cuissettes

los shorts

la tenue d'entraînement

el jogging

le tablier

el delantal

les gants

los guantes

le bouton
el botón

les lunettes
los anteojos

le bracelet
la pulsera

le collier
el collar

la bague
el anillo

la boucle d'oreille
el aro

le bonnet
la gorra

le cintre
la percha

le chapeau
el sombrero

la cravate
la corbata

la fermeture éclair
el cierre

le casque
el casco

les bretelles
los tiradores

l'uniforme scolaire
el uniforme escolar

l'uniforme
el uniforme

le bavoir

el babero

la sucette

el chupete

la couche

el pañal

le serveur
el servidor

l'armoire d'archivage
el archivero

l'imprimante
la impresora

le papier
el papel

l'écran
el monitor

la souris
el mouse

le bureau
el escritorio

le classeur
la carpeta

le clavier
el teclado

la corbeille à papier
el tacho (de basura)

la chaise
la silla

l'ordinateur
la computadora

la tasse à café

la taza de café

la calculatrice

la calculadora

l'internet

el internet

l'ordinateur portable
la laptop

la lettre
la carta

le message
el mensaje

le portable
el celular

le réseau
la red

la photocopieuse
la fotocopiadora

le logiciel
el software

le téléphone
el teléfono

la prise
el tomacorriente

le fax
el fax

le formulaire
el formulario

le document
el documento

acheter

comprar

payer

pagar

marchander

hacer negocios

la monnaie

el dinero

 USD

le dollar

el dólar

 EUR

l'euro

el euro

 JPY

le yen

el yen

 RUB

le rouble

el rublo

 CHF

le franc suisse

el franco suizo

 CNY

le renminbi yuan

el yuan

 INR

la roupie

la rupia

le distributeur automatique

el cajero automático

le bureau de change

la casa de cambio

l'or

el oro

l'argent

la plata

le pétrole

el petróleo

l'énergie

la energía

le prix

el precio

le contrat

el contrato

la taxe

el impuesto

l'action

la acción

travailler

trabajar

l'employé

el empleado

l'employeur

el empleador

l'usine

la fábrica

le magasin

el negocio

l'agent de police
el policía

le pompier
el bombero

le cuisinier
el cocinero

le médecin
el médico

le pilote
el piloto

le jardinier

el jardinero

le menuisier

el carpintero

la couturière

la modista

le juge

el juez

le chimiste

el farmacéutico

l'acteur

el actor

le conducteur de bus

el colectivero

le chauffeur de taxi

el taxista

le pêcheur

el pescador

la femme de ménage

la mucama

le couvreur

el techista

le serveur

el mozo

le chasseur

el cazador

le peintre

el pintor

le boulanger

el panadero

l'électricien

el electricista

l'ouvrier

el albañil

l'ingénieur

el ingeniero

le boucher

el carnicero

le plombier

el plomero

le facteur

el cartero

le soldat

el soldado

l'architecte

el arquitecto

le caissier

el cajero

le fleuriste

el florista

le coiffeur

el peluquero

le contrôleur

el cobrador

le mécanicien

el mecánico

le capitaine

el capitán

le dentiste

el dentista

le scientifique

el científico

le rabbin

el rabino

l'imam

el imán

le moine

el monje

le prêtre

el sacerdote

les pinces
la tenaza

le marteau
el martillo

le tournevis
el destornillador

la torche
la linterna

la clé
la llave

la pelleteuse

la excavadora

la boîte à outils

la caja de herramientas

l'échelle

la escalera portátil

la scie

la sierra

les clous

los clavos

la perceuse

el taladro

réparer

arreglar

la pelle

la pala de jardín

Mince!

¡Qué bronca!

la pelle

la pala de plástico

le pot de peinture

el tacho de pintura

les vis

los tornillos

les instruments de musique
los instrumentos musicales

la batterie
la batería

le haut-parleur
el parlante

la guitare
la guitarra

la contrebasse
el contrabajo

la trompette
la trompeta

le piano

el piano

le violon

el violín

la basse

el bajo

les timbales

los timbales

le tambour

el tambor

le piano électrique

el teclado

le saxophone

el saxofón

la flûte

la flauta

le microphone

el micrófono

l'entrée
la entrada

le tigre
el tigre

la cage
la jaula

le zèbre
la cebra

l'alimentation animale
el alimento para animales

le panda
el oso panda

les animaux

los animales

l'éléphant

el elefante

le kangourou

el canguro

le rhinocéros

el rinoceronte

le gorille

el gorila

l'ours

el oso

le chameau
el camello

l'autruche
el avestruz

le lion
el león

le singe
el mono

le flamand rose
el flamenco

le perroquet
el loro

l'ours polaire
el oso polar

le pingouin
el pingüino

le requin
el tiburón

le paon
el pavo real

le serpent
la serpiente

le crocodile
el cocodrilo

le gardien de zoo
el cuidador del zoológico

le phoque
la foca

le jaguar
el jaguar

le poney

el poni

le léopard

el leopardo

l'hippopotame

el hipopótamo

la girafe

la jirafa

l'aigle

el águila

le sanglier

el jabalí

le poisson

el pescado

la tortue

la tortuga

le morse

la morsa

le renard

el zorro

la gazelle

la gacela

l'american Football
el fútbol americano

le cyclisme
el ciclismo

le tennis
el tenis

le basket-ball
el básquet

la natation
la natación

le hockey sur glace
el hockey sobre hielo

la boxe
el boxeo

le football

el fútbol

le badminton

el bádminton

l'athlétisme

el atletismo

le handball

el handball

le ski

el esquí

le polo

el polo

rire
reír

sauter
saltar

embrasser
abrazar

marcher
caminar

chanter
cantar

prier
rezar

faire la bise
besar

rêver
soñar

écrire

escribir

dessiner

dibujar

montrer

mostrar

pousser

presionar

donner

dar

prendre

tomar

avoir

tener

faire

hacer

être

ser

être debout

estar parado

courir

correr

trier

tirar

jeter

tirar

tomber

caer

être couché

estar acostado

attendre

esperar

porter

llevar

être assis

estar sentado

s'habiller

vestirse

dormir

dormir

se réveiller

despertar

regarder
mirar

pleurer
llorar

caresser
acariciar

peigner
peinar

parler
hablar

comprendre
entender

demander
preguntar

écouter
escuchar

boire
beber

manger
comer

ranger
ordenar

aimer
amar

cuire
cocinar

conduire
manejar

voler
volar

les activités - las actividades

faire de la voile

navegar

calculer

calcular

lire

leer

apprendre

aprender

travailler

trabajar

se marier

casarse

coudre

coser

se brosser les dents

cepillarse los dientes

tuer

matar

fumer

fumar

envoyer

enviar

la grand-mère
la abuela

le grand-père
el abuelo

le père
el padre

la mère
la madre

le bébé
el bebé

la fille
la hija

le fils
el hijo

l'hôte
el invitado

la tante
la tía

l'oncle
el tío

le frère
el hermano

la sœur
la hermana

le corps
el cuerpo

le front
la frente

l'œil
el ojo

le visage
la cara

le menton
la pera

la poitrine
el pecho

l'épaule
el hombro

le doigt
el dedo

la main
la mano

la jambe
la pierna

le bras
el brazo

le bébé

el bebé

l'homme

el hombre

la femme

la mujer

la fille

la nena

le garçon

el nene

la tête

la cabeza

le dos

la espalda

le ventre

la panza

le nombril

el ombligo

l'orteil

el dedo del pie

le talon

el talón

l'os

el hueso

la hanche

la cadera

le genou

la rodilla

le coude

el codo

le nez

la nariz

les fesses

la cola

la peau

la piel

la joue

el cachete

l'oreille

la oreja

la lèvre

el labio

la bouche
la boca

la dent
el diente

la langue
la lengua

le cerveau
el cerebro

le cœur
el corazón

le muscle
el músculo

les poumons
el pulmón

le foie
el hígado

l'estomac
el estómago

les reins
los riñones

le rapport sexuel
el sexo

le préservatif
el preservativo

l'ovule
el óvulo

le sperme
el semen

la grossesse
el embarazo

la menstruation

la menstruación

le vagin

la vagina

le pénis

el pene

le sourcil

la ceja

les cheveux

el pelo

le cou

el cuello

l'hôpital
el hospital

l'ambulance
la ambulancia

le fauteuil roulant
la silla de ruedas

la fracture
la fractura

le médecin

el médico

le service des urgences

la sala de guardia

l'infirmière

la enfermera

l'urgence

la emergencia

inconscient

inconsciente

la douleur

el dolor

la blessure

la lesión

l'hémorragie

la hemorragia

la crise cardiaque

el infarto

l'attaque cérébrale

el ACV

l'allergie

la alergia

la toux

la tos

la fièvre

la fiebre

la grippe

la gripe

la diarrhée

la diarrea

le mal de tête

el dolor de cabeza

le cancer

el cáncer

le diabète

la diabetes

le chirurgien

el cirujano

le scalpel

el bisturí

l'opération

la operación

le CT

la TC

la radiographie

los rayos x

l'échographie

la ecografía

le masque

el barbijo

la maladie

la enfermedad

la salle d'attente

la sala de espera

la béquille

la muleta

le pansement

la curita

le pansement

la venda

l'injection

la inyección

le stéthoscope

el estetoscopio

le brancard

la camilla

le thermomètre

el termómetro

l'accouchement

el nacimiento

le surpoids

el sobrepeso

l'appareil auditif

el audífono

le désinfectant

el desinfectante

l'infection

la infección

le virus

el virus

le VIH / le sida

el VIH / SIDA

le médicament

el remedio

la vaccination

la vacunación

les tablettes

los comprimidos

la pilule

la pastilla anticonceptiva

l'appel d'urgence

la llamada de emergencia

le tensiomètre

el tensiómetro

malade / sain

enfermo / sano

l'alarme

la alarma

l'agression

la agresión

l'attaque

el ataque

le danger

el peligro

la sortie de secours

la salida de emergencia

Au secours!

¡Ayuda!

Au feu!

¡Fuego!

l'extincteur

el matafuego

l'accident

el accidente

la trousse de premier
secours

el botiquín de primeros
auxilios

SOS

el SOS

la police

la policía

l'Europe

Europa

l'Amérique du Nord

América del Norte

l'Amérique du Sud

América del Sur

l'Afrique

África

l'Asie

Asia

l'Australie

Australia

l'Océan atlantique

el Atlántico

l'Océan pacifique

el Pacífico

l'Océan indien

el Océano Índico

l'Océan antarctique

el Océano Antártico

l'Océan arctique

el Océano Ártico

le Pôle nord

el polo norte

le Pôle sud

el polo sur

l'Antarctique

la Antártida

la terre

la Tierra

le pays

la tierra

la mer

el mar

l'île

la isla

la nation

la nación

l'état

el estado

le cadran

la esfera

l'aiguille des heures

la manecilla de las horas

l'aiguille des minutes

el minutero

l'aiguille des secondes

el segundero

Quelle heure est-il?

¿Qué hora es?

le jour

el día

le temps

la hora

maintenant

ahora

la montre digitale

el reloj digital

la minute

el minuto

l'heure

la hora

lundi
lunes

mercredi
miércoles

vendredi
viernes

samedi
sábado

mardi
martes

jeudi
jueves

dimanche
domingo

hier

ayer

aujourd'hui

hoy

demain

mañana

le matin

la mañana

le midi

el mediodía

le soir

la tarde

les jours ouvrables

los días hábiles

le week-end

el fin de semana

la pluie
la lluvia

l'arc-en-ciel
el arco iris

la neige
la nieve

le vent
el viento

le printemps
la primavera

l'automne
el otoño

l'été
el verano

l'hiver
el invierno

4.APRIL	11°	☀
5.APRIL	4°	🌧
6.APRIL	13°	🌧
7.APRIL	8°	☀
8.APRIL	10°	☀

la météo
el pronóstico meteorológico

le thermomètre
el termómetro

la lumière du soleil
la luz del sol

le nuage
la nube

le brouillard
la niebla

l'humidité
la humedad

la foudre

el rayo

le tonnerre

el trueno

la tempête

la tormenta

la grêle

el granizo

la mousson

el monzón

l'inondation

la inundación

la glace

el hielo

janvier

enero

février

febrero

mars

marzo

avril

abril

mai

mayo

juin

junio

juillet

julio

août

agosto

septembre
....
septiembre

octobre
....
octubre

novembre
....
noviembre

décembre
....
diciembre

les formes
las formas

le cercle
....
el círculo

le carré
....
el cuadrado

le rectangle
....
el rectángulo

le triangle
....
el triángulo

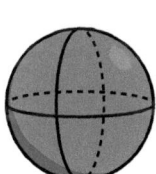

la sphère
....
la esfera

le cube
....
el cubo

les couleurs
colores

blanc
blanco

jaune
amarillo

orange
naranja

rose
rosa

rouge
rojo

violet
violeta

bleu
azul

vert
verde

marron
marrón

gris
gris

noir
negro

beaucoup / peu

mucho / poco

fâché / calme

enojado / tranquilo

joli / laid

lindo / feo

le début / la fin

el principio / el fin

grand / petit

grande / chico

clair / obscure

claro / oscuro

le frère / la sœur

el hermano / la hermana

propre / sale

limpio / sucio

complet / incomplet

completo / incompleto

le jour / la nuit

el día / la noche

mort / vivant

muerto / vivo

large / étroit

ancho / angosto

comestible / incomestible
....
comestible / no comestible

méchant / gentil
....
malo / amable

excité / ennuyé
....
entusiasmado / aburrido

gros / mince
....
gordo / flaco

le premier / le dernier
....
primero / último

l'ami / l'ennemi
....
el amigo / el enemigo

plein / vide
....
lleno / vacío

dur / souple
....
duro / blando

lourd / léger
....
pesado / liviano

faim / soif
....
el hambre / la sed

malade / sain
....
enfermo / sano

illégal / légal
....
ilegal / legal

intelligent / stupide
....
inteligente / estúpido

gauche / droite
....
izquierda / derecha

proche / loin
....
cerca / lejos

nouveau / usé
nuevo / usado

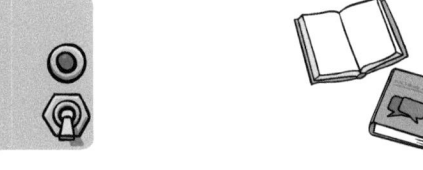

rien / quelque chose
nada / algo

vieux / jeune
viejo / joven

marche / arrêt
encendido / apagado

ouvert / fermé
abierto / cerrado

faible / fort
silencioso / ruidoso

riche / pauvre
rico / pobre

correct / incorrect
correcto / incorrecto

rugueux / lisse
áspero / suave

triste / heureux
triste / contento

court / long
corto / largo

lent / rapide
lento / rápido

mouillé / sec
mojado / seco

chaud / froid
caliente / frío

la guerre / la paix
guerra / paz

0

zéro

cero

1

un

uno

2

deux

dos

3

trois

tres

4

quatre

cuatro

5

cinq

cinco

6

six

seis

7

sept

siete

8

huit

ocho

9

neuf

nueve

10

dix

diez

11

onze

once

12

douze

doce

13

treize

trece

14

quatorze

catorce

15

quinze

quince

16

seize

dieciséis

17

dix-sept

diecisiete

18

dix-huit

dieciocho

19

dix-neuf

diecinueve

20

vingt

veinte

100

cent

cien

1.000

mille

mil

1.000.000

le million

el millón

les nombres - los números

les langues
los idiomas

l'anglais

el inglés

l'anglais américain

el inglés americano

le chinois mandarin

el chino mandarín

le hindi

el hindi

l'espagnol

el español

le français

el francés

l'arabe

el árabe

le russe

el ruso

le portugais

el portugués

le bengali

el bengalí

l'allemand

el alemán

le japonais

el japonés

je

yo

tu

vos

il / elle

él / ella

nous

nosotros

vous

ustedes

ils / elles

ellos

qui?

¿quién?

quoi?

¿qué?

comment?

¿cómo?

où?

¿dónde?

quand?

¿cuándo?

le nom

el nombre

derrière

detrás

dans

en

devant

adelante de

au-dessus

por encima de

sur

sobre

en-dessous

debajo de

à côté de

al lado de

entre

entre

le lieu

el lugar